AF339848

LE
TERME MOYEN RÉPUBLICAIN

ou

PLAN GÉNÉRAL

DE CE QUE DOIT ÊTRE LA

RÉPUBLIQUE DE 1848,

Par A. E....ux.

LYON.

IMPRIMERIE TYPOGRAPHIQUE ET LITHOGRAPHIQUE

DE LOUIS PERRIN,

Rue d'Amboise, 6, quartier des Célestins.

1848.

TERME MOYEN RÉPUBLICAIN

OU

PLAN GÉNÉRAL

DE CE QUE DOIT ÊTRE LA

RÉPUBLIQUE DE 1848.

Une révolution politique que personne n'attendait, du moins encore si tôt, vient de s'opérer en France avec la rapidité de l'éclair.

Cette révolution est le prélude nécessaire de la révolution sociale qui doit en être le corollaire, la conséquence inévitable.

Ce n'est pas par la force des baïonnettes, mais par la force de la raison et du progrès de la civilisation que doit s'opérer cette autre révolution.

Chacun se demande dans quel sens va s'accomplir cette révolution sociale.

Ne consultant que son intérêt particulier, son égoïsme, chacun tranche la question par une solution conforme à ses désirs.

Ne soyez pas si concluants, ô hommes égoïstes ! la République est faite est parfaite. Elle est mûre ; mais vous n'êtes pas encore mûrs pour la République.

Vous n'avez pas encore assez étudié la signification des trois mots caractéristiques : LIBERTÉ, — EGALITÉ, — FRATERNITÉ. Ou du moins ces trois mots n'ont pas encore trouvé une place dans vos cœurs.

Rappelez-vous que ces trois mots n'ont pas été choisis pour déterminer le caractère de notre république, dans le but de servir d'égide ou de talisman à une opinion contre une autre opinion, à une caste contre une autre caste.

Ces trois mots sont aujourd'hui le *palladium* d'une grande nation, et seront par la suite celui de l'Europe entière.

S'il doit en être ainsi, et aucune personne sensée ne pense autrement, il importe de bien se rendre compte de la valeur et de la signification de ces trois mots.

Lorsqu'on les aura bien compris, il sera facile de reconnaître les vrais enfants de la République dans ceux qui viendront se rallier spontanément sous la bannière qui portera les trois mots : LIBERTÉ, — EGALITÉ, — FRATERNITÉ.

Ne vous imaginez pas que chacun puisse interprêter le mot liberté et en façonner le sens à sa guise.

Le despote s'en ferait au besoin un instrument de tyrannie pour opprimer son semblable. Que dis-je? son semblable!.... Voudrait-il seulement consentir à reconnaître comme son semblable celui qui aurait moins de fortune que lui!

Le mot liberté, signifiera toujours, quoique l'on fasse, affranchissement de l'esclavage.

Celui qui a moins de fortune ne doit pas non plus se servir du mot liberté pour tyranniser à son tour l'homme fortuné. La tyrannie n'aurait fait que se déplacer; et dans quels rangs qu'elle se trouve la tyrannie est toujours la tyrannie.

L'ami de la liberté, et par conséquent de la fraternité, combattra toujours la tyrannie et le despotisme, n'importe dans quels rangs qu'ils se trouvent et quelles que soient les couleurs qu'ils aient revêtues.

L'impossibilité de niveler les fortunes étant universellement reconnue, il y aurait toujours des hommes moins libres les uns que les autres, si l'on ne prenait les moyens les plus efficaces pour rendre chaque position sociale indépendante l'une de l'autre.

Celui qui ne possède pas est toujours l'esclave de celui qui possède. Il est donc du devoir de la République, qui a proclamé la liberté, d'affranchir de cet esclavage celui qui ne possède pas.

La République, malgré toutes ses bonnes intentions, ne pourra obtenir ce résultat si désirable qu'en donnant au travailleur qui ne possède pas tous les moyens d'arriver au plus tôt à la possession au moyen d'une bonne et juste rétribution pour son travail.

N'est-il pas juste que l'ouvrier qui, par son travail, triple et décuple même quelque fois la valeur de la matière, reçoive en sus de son salaire une part dans le bénéfice produit de ses sueurs?

Voilà la grande et fameuse question qui a si bien effrayé, mais à tort, jusqu'à ce jour la bourgeoisie (1).

(1) Si la République n'ose pas aborder immédiatement cette question, crainte d'échouer et d'occasionner du désordre, qu'elle commence par faire quelques essais en établissant quelques ateliers nationaux qu'elle créditera, et qui devront être dirigés par d'habiles administrateurs salariés, chargés d'acheter la matière première, de la faire travailler en commun, et de la vendre pour le compte de la communauté.

Voici comme j'entends la justice :

Un mètre d'étoffe fabriqué se vend trois francs.

La matière première a coûté, je suppose, cinquante centimes ; les frais d'administration, d'achat ou de vente reviennent à cinquante centimes ;

Admettons cinquante centimes pour un fond de réserve, destiné à parer aux éventualités d'une mauvaise année, d'un moment de ralentissement dans la vente; et ce serait beaucoup. Total : un franc cinquante centimes.

Il doit rester encore pour l'ouvrier un franc cinquante centimes, sur laquelle somme un fabricant aurait à peine

Accoutumée à ne regarder le malheureux ouvrier que comme un esclave, une bête de somme forcée par la nature à obéir passivement et aveuglément aux volontés d'un maître brutal, la bourgeoisie a cru avoir assez fait en faveur de l'ouvrier ou domestique lorsqu'elle lui a payé un faible salaire après lui avoir donné pour nourriture des aliments si mauvais que les animaux mêmes les auraient rejetés (1).

tenu compte à l'ouvrier de quarante ou cinquante centimes.

Je me déclare ennemi de toute autre communisme que celui-là et celui de l'instruction de la jeunesse. Jusqu'à ce jour la science a été vendue ; les riches seuls pouvaient faire arriver leurs enfants au plus haut degré de la hiérarchie scientifique. Ce monopole doit disparaître. L'enfant du pauvre, doué d'intelligence, doit avoir les moyens d'arriver aux honneurs et aux emplois de la République aussi bien que l'enfant du riche et de l'opulent. Des écoles nationales gratuites pour tous les degrés de la science peuvent seules obtenir ce résultat.

(1) Voici un exemple dont j'ai été témoin :

J'entre un jour chez un propriétaire à la campagne ; il était quatre heures du soir. Les domestiques étaient à table. Mon chien n'avait rien mangé depuis le matin. Un domestique lui jette un morceau de pain si mauvais que le chien, après l'avoir flairé, refuse de le manger.

Je déclare que, dans aucune circonstance de ma vie, je n'avais senti mon cœur navré d'une douleur aussi profonde et d'autant de compassion que ce jour-là pour ces malheureux domestiques obligés de supporter pendant toute l'année

Ils étaient loin de penser, ces hommes égoïstes, qu'un jour viendrait où la loi remettant en vigueur le plus sublime principe humanitaire donné aux hommes depuis dix-huit cents ans par le plus vrai républicain que Dieu ait jamais envoyé sur la terre, principe renfermé dans ces paroles sacrées : « *Mes frères, aimez vous les uns les autres.* » — Principe qu'ils avaient complètement effacé de leurs cœurs.

— Ils étaient loin de penser que cette loi de la République les forcerait un jour à regarder ces pauvres esclaves comme leurs frères.

L'ouvrier et le prolétaire, élevés tout-à-coup dans les hautes régions de l'égalité, plus généreux que leurs anciens maîtres, reconnaîtront mieux qu'eux les devoirs de la fraternité.

Ils n'ont jamais pensé et ne penseront jamais à s'emparer de la fortune de leurs semblables. Ils leur tiendront toujours ce langage :

« Nous ne voulons pas ce que vous possédez,
« mais nous voulons une part dans la production
« qui sera due à nos bras, à nos forces, à nos sueurs. »

toutes les rigueurs du travail, de la pluie, du froid et de la chaleur.

Pour être impartial, j'ajouterai que la plupart des propriétaires, pour faire honneur à leurs affaires et acquitter les impôts et les lourdes charges qui pesaient sur eux, étaient obligés de se contenter de la même nourriture que celle de leurs domestiques.

Telle était la prospérité toujours croissante de la France.

Si dans leurs rangs il se trouvait quelque extravagant qui fût plus exigeant, la grande majorité parmi eux le désapprouverait, et lui ferait comprendre l'absurdité de ses exigeances exagérées et l'impossibilité de les accomplir.

La devise de la République sera toujours celle-ci : *Sacrifier l'intérêt particulier à l'intérêt général.*

Qu'elle soit toujours fidèle à cette devise, et elle aura toujours pour elle l'assentiment et la faveur de l'immense majorité du peuple français.

Laissons au riche ce qu'il possède, et le riche, qui n'est pas naturellement plus ennemi de la liberté que le pauvre, aura intérêt à soutenir la République, mais que dorénavant le travail et la probité puissent seuls enrichir.

Donnons à celui qui ne possède pas les moyens de devenir propriétaire par le travail, et tous les Français ne feront désormais qu'un corps et qu'une âme.

L'association et la participation des sociétaires dans les bénéfices de la société sont des moyens infaillibles pour arriver à ce résultat (1).

---

(1) Voici ce que disait , dans la conférence du 18 janvier 1845 , l'éloquent abbé Lacordaire , aujourd'hui membre de l'Assemblée constituante :

« Grâce à Dieu, la question économique est jugée aujour- « d'hui. Il est admis que *l'association est le seul grand* « *moyen économique qui soit au monde*, et que si vous n'as-

L'ouvrier stimulé par l'espoir du bénéfice tra-
vaillera davantage, et le travail lui répugnera moins.

« *sociez pas les hommes* dans le travail, l'épargne, le se-
« cours et la répartition, inévitablement le plus grand nom-
« bre d'entre eux sera victime d'une minorité intelligente et
« mieux pourvue des moyens de succès. Je ne prends pas sur
« moi de louer tous les plans d'association qui se pressent au
« jour, toutes les tentatives de communauté qui demandent
« l'eau et le feu ; je loue seulement l'intention, parce qu'elle
« est un hommage aux vrais besoins de l'humanité. Ne l'ou-
« bliez pas, Messieurs, tant que nous sommes isolés, nous
« n'avons à espérer que la corruption, la servitude et la mi-
« sère : la corruption, parce que nous n'avons à répondre
« que de nous-mêmes à nous-mêmes, et que nous ne som-
« mes pas portés par un corps qui nous inspire respect pour
« lui et pour nous ; la servitude, parce quand on est seul on
« est impuissant à se défendre contre quoi que ce soit ; enfin
« la misère, parce que le plus grand nombre des hommes
« naît dans des conditions trop peu favorables pour soutenir
« jusqu'au bout son existence contre tous les ennemis inté-
« rieurs et extérieurs, s'il n'est assisté par la communauté
« des ressources contre la communauté des maux. L'associa-
« tion volontaire, où chacun entre et sort librement, *sous*
« *des conditions déterminées par l'expérience*, est le seul
« remède efficace à ces trois plaies de l'humanité, la mi-
« sère, la servitude et la corruption. L'Eglise l'a proclamé
« très haut ; elle a fondé parmi ses premiers disciples la
« communauté volontaire de biens et de vie ; elle a frappé
« de mort l'hypocrisie qui tentait déjà d'en corrompre les
« lois ; et depuis, dans le cours des âges, elle n'a cessé de
« porter ses fidèles à l'association *sous toutes les formes et*
« *pour tous les objets.* Sa maxime constante a été d'unir

On verra disparaître comme par enchantement la misère, et par suite le crime dans la même proportion.

Nul ne doute que la misère ne soit la source du plus grand nombre de crimes. Les annales judiciaires de tous les peuples n'attestent-elles pas suffisamment cette vérité? Sortons donc la misère et nous sortirons le crime.

Mais, me dira-t-on, si l'ouvrier en sus de son salaire reçoit une part dans les bénéfices, que deviendra l'exploiteur.

Il est bien facile de répondre à cette objection.

Ou l'exploiteur est un homme riche, ou un homme sans fortune.

Dans le premier cas, je conseillerai à cet exploiteur d'aller dépenser tranquillement et en paix ses revenus, et de ne pas venir s'opposer à l'affranchissement du malheureux ouvrier.

Dans le second cas, je lui conseillerai de venir faire cause commune avec nos ouvriers. S'il a plus

« pour sanctifier et protéger comme la maxime constante
« du monde est de diviser pour régner.

« A tous ces titres, la communauté volontaire de biens
« et de vie est évidemment une institution philantropique,
« c'est-à-dire amie des hommes, mais l'histoire de ses bien-
« faits n'est pas achevée.... »

L'orateur prononçait ces paroles à l'occasion des sociétés mutuelles d'assurance sur la vie.

de talent qu'eux, il sera choisi pour être adminis-
trateur de l'atelier ; car à la place d'exploiteur,
mot peu républicain, nous voulons des administrateurs honorablement rétribués ; mais nous ne
voulons pas des monopoleurs, des spéculateurs,
qui tantôt remplissent leurs coffres d'or et d'argent
aux dépens des sueurs du peuple, et tantôt se rui-
nent eux-mêmes, soit par de fauses spéculations,
soit parce que, arrivés à un certain degré de la
hiérarchie fortunée, ils osent d'un bond franchir
tous les degrés pour arriver au sommet. Alors on
les voit affublés d'un manteau à peau d'hermine,
se faire traîner dans des carrosses princiers, attelés
à plusieurs chevaux, louer des maisons seigneu-
riales à la ville et à la campagne.

Cette vie heureuse leur fait oublier le soin de
l'atelier, dont ils ne tardent pas de confier la gé-
rance, avec de gros appointements, à un contre-
maître, le plus souvent homme inexpert, pares-
seux, aimant les plaisirs.

Aussi, voit-on ce contre-maître plus souvent au
café, le cigare à la bouche, qu'auprès de l'atelier
dont le soin lui a été confié. Le soir, vous le trou-
verez dans un théâtre exclusivement occupé à ap-
plaudir une chanteuse ou une danseuse.

Etudiez sa physionomie, et voyez s'il vous sera
possible d'y découvrir le moindre souci, la moin-
inquiétude sur la situation des affaires de l'atelier.
C'est là ce qui l'occupe le moins. Il va se coucher

à minuit, se lève à neuf et quelquefois à dix heures du matin. Il va faire acte de présence à l'atelier, va déjeûner et de là au café. J'ai déjà dit le reste.

Il justifie très bien le titre de contre-maître, car on dirait qu'il est payé pour travailler plutôt contre que pour les intérêts de son maître.

Qu'arrive-t-il de tout cela ?

Un beau matin vous entendez dire de toutes parts :

« Monsieur un tel a fait faillite. Tout est en-
« glouti. Ses ouvriers mêmes ne seront pas
« payés. Un tel ouvrier, père de tant d'enfants,
« avait gagné quelque chose; il l'avait confié à son
« maître, et par suite de cette faillite il se trouve
« complètement ruiné. »

O Forcracs! indignes de faire partie d'une grande nation, la République fera justice de vos dilapidations, de vos folies ou de votre mauvais vouloir. Ma voix ne sera pas la seule qui se fera entendre pour prononcer contre vous le mot *Anathème*.

Mais je comprends, et toute personne animée d'un bon esprit républicain doit comprendre comme moi que la République ne peut pas faire de si belles choses immédiatement. Il faut avant tout qu'elle s'affermisse, qu'elle déracine et qu'elle détruise tous les éléments qui pourraient remettre son existence en question. Il faut attendre surtout que le crédit public se rétablisse.

Ainsi donc, peuple souffrant, prends patience

encore un peu de temps, et tes souffrances disparaîtront peu à peu et comme par enchantement.

Fais donc tous tes efforts pour aider à raffermir notre République naissante. Que dis-je? naissante!. Elle a déjà grandi; elle a déjà porté des fruits.

J'ai déjà remarqué beaucoup moins d'arrogance et beaucoup plus d'humilité dans une classe d'individus parmi le peuple, qui, avant le 24 Février, se seraient crus déshonorés si on leur eût donné le titre de peuple; aujourd'hui ils prennent ce titre eux-mêmes bénévolement. Ils ne craignent plus de sâlir leurs mains blanches au contact des mains calleuses du peuple.

Ce n'est pas là le moindre progrès dû à la République.

Je reviens à mon sujet.

La République a reconnu et accordé en même temps la réforme politique par l'extension la plus illimitée du droit électoral. J'ose espérer que l'Assemblée constituante reconnaîtra comme moi l'urgence des réformes sociales dont je viens de donner un faible aperçu sans entrer dans les détails. J'ose espérer qu'elle reconnaîtra également l'urgence des réformes intellectuelles qui ont été développées par une plume plus habile que la mienne dans un article du journal l'*Atelier* du 12 avril, que je transcrirai mot à mot à la fin de cet opuscule

La République devra encore résoudre un problème de la solution duquel dépend le bonheur ou le malheur de la France, et par conséquent l'avenir de la République.

Voici ce problême :

Protéger l'agriculture sans nuire à l'industrie et au commerce ; et, par contre, protéger l'industrie et le commerce sans nuire à l'agriculture.

Pour résoudre ce problême, il est nécessaire de jeter un coup-d'œil sur le passé, et les fautes qu'on remarquera dans le passé serviront de préservatif pour l'avenir.

Sully, animé des meilleures intentions, voulut faire tout ce qu'il était possible en faveur de l'agriculture. Fidèle au vœu de son maître, qui avait exprimé le désir que tout cultivateur eût le moyen d'avoir tous les dimanches la poule au pot, il mit tous ses soins à rechercher les moyens d'améliorer le sort des cultivateurs. Il ne se contenta pas des rapports que ses agents auraient pu lui faire, dans la crainte qu'ils ne fussent inexacts ; il voulut s'assurer par lui-même de la véritable situation des cultivateurs. Il voyagea dans les provinces ; accueillit favorablement toutes les observations qui lui furent faites, obtempéra à toutes les demandes, corrigea plusieurs abus, et les cultivateurs se crurent un instant placés dans la position la plus heureuse de la société.

Mais hélas ! ici comme partout ailleurs, les erreurs de la sagesse humaine se manifestèrent avec éclat.

Sully, en faisant tout en faveur de l'agriculture , n'avait rien fait en faveur de l'industrie ni du commerce; ces deux branches que l'on pourrait appeler la seconde mère nourricière de la société , languirent et finirent par tomber d'inanition. Les produits de la campagne ne trouvèrent plus d'écoulement; les ouvriers avaient déserté les villes pour aller travailler la terre. Les vêtements, les épiceries, les drogueries, les instruments mêmes d'agriculture , et, en un mot, tous les objets indispensables fournis par l'industrie et le commerce à grands frais, devinrent excessivement chers. Les ouvriers en trop grand nombre occupés à travailler la terre, débordaient dans les campagnes; ils ne recevaient qu'un bien faible salaire, et ne pouvaient, pas plus que le propriétaire , se procurer ces objets indispensables à la vie. La misère fut générale

Quelques temps après Sully, vint Colbert. Ce génie élevé n'eût pas de peine à remarquer la cause de la misère publique. Il s'aperçut que Sully en avait été la cause sans le vouloir, et se promit de suivre une marche tout-à-fait opposée à celle de Sully.

En effet, Colbert ranima l'industrie et le commerce , et les éleva à un degré auquel ils n'étaient jamais encore parvenus. Son nom fut dans toutes les bouches le sujet de l'admiration générale. Mais malheureusement Colbert ne fut que trop exact à suivre une marche tout-à-fait opposée à celle de

Sully, Colbert oublia l'agriculture et ne fit rien en sa faveur. L'agriculture n'alimenta plus le commerce et l'industrie, et le peuple Français fut plus malheureux que jamais.

D'après ces deux exemples si frappants donnés à la France par ces deux grands hommes, je suis tenté de conclure que c'est ici le lieu où le principe d'égalité de protection doit être appliqué.

Néanmoins, si l'on considère les grands moyens d'action que l'industrie et le commerce ont acquis depuis près d'un siècle, soit par les inventions et les perfectionnements des mécaniques, soit par la puissance extraordinaire de la vapeur, soit par les nouveaux et bien plus importants moyens de transport fournis par les chemins de fer et la navigation à vapeur, il sera facile de se convaincre que les produits de l'industrie et du commerce surpasseront toujours de beaucoup les produits de l'agriculture.

Cependant, il ne faut pas oublier que la France est essentiellement agricole. Les puissances étrangères pourront bien rivaliser notre industrie et notre commerce. La position topographique de quelques-unes est même beaucoup plus avantageuse que la nôtre. Les îles lointaines que l'Angleterre, par exemple, possède sur presque tous les points du globe, assurent à cette puissance un vaste écoulement aux produits de son industrie et de son commerce. Mais aucune puissance ne rivalisera jamais nos produits agricoles si la République en favorise le développement.

C'est donc ici une question bien importante, une question de prépondérance sur les autres puissances. La République une fois affermie s'occupera sérieusement, je n'en doute pas, de cette importante question. Elle aura plusieurs moyens de doubler les produits du sol, soit par le défrichement des terres incultes. — Ce défrichement peut être livré à des individus ou à des compagnies. Il est nécessaire que de puissants encouragements y appèlent les bras et les capitaux, soit par l'assainissement des terres marécageuses, le reboisement des forêts (1), le système d'irrigation encore trop peu mis en pratique parce qu'il est trop peu connu,

(1) Le reboisement des forêts est d'autant plus indispensable que tous les physiciens sont d'accord sur ce point : que les nuages en s'élevant dans l'atmosphère, s'ils ne rencontrent au-dessus du sol aucun corps tel que les arbres, et surtout les feuilles des arbres, ils entraînent avec eux une masse d'électricité qui bientôt produit le tonnerre, et par suite la grêle qui vient ravager nos campagnes. Si ces nuages avaient rencontré un grand nombre d'arbres, ils se seraient déchargés sur leurs feuilles de la majeure partie de l'électricité, et les orages auraient été moins fréquents et moins dévastateurs.

Aussi, a-t-on remarqué que depuis qu'on a défriché les forêts les orages ont été toujours croissants et leurs ravages beaucoup plus terribles.

un système d'engrais le plus économique possible.
Ceux qui connaissent tant soit peu l'agriculture
savent aussi bien que moi que les engrais quadruplent et quintuplent même quelquefois le produit
du sol. — La conversion en prés des terres suscep-
tibles de devenir de bons prés ; la propagation des
prairies artificielles dans les départements où elles
sont encore inconnues ; ainsi que l'usage du plâtre
ou de la chaux pour le trèfle et la luzerne.

Je pourrais citer le nom d'un des plus riches
propriétaires de l'arrondissement de Lyon, qui à
son début n'était qu'un simple fermier avec peu de
fortune. A peine les effets merveilleux du plâtre sur
le trèfle et la luzerne furent-ils connus dans cet
arrondissement, que ce fermier le mit en pratique
sur une vaste échelle, et dans peu de temps il fut à
même de devenir acquéreur de grandes propriétés
dont il n'était que le fermier.

Cet exemple doit suffire pour faire apprécier les
avantages de la propagation du fourrage qui permet
au cultivateur d'élever un plus grand nombre de
bestiaux dont il retire les fruits et les engrais qui
quadruplent le produit de ses récoltes.

Si, à côté de tout ce qu'il a fait de mauvais, le
Gouvernement déchu a fait quelque chose de bon,
c'est sans contredit la création des comices agricoles. C'est beaucoup, mais ce n'est pas assez.
D'ailleurs, la corruption qui avait trouvé une
entrée partout, s'était glissée dans cette institution

aussi bien que dans toutes les autres. Souvent ce ne furent pas les plus méritants qui obtinrent des primes d'encouragements ; elles furent bien plus souvent le partage des amis privilégiés de Messieurs les membres les plus influents des comices. Aussi le découragement commençait déjà par entraîner l'indifférence du peuple pour les comices. Dans l'intérêt de la nation, il faut qu'une impulsion immense soit donnée à l'agriculture, afin que nous redevenions un peuple agricole; pour cela, il est nécessaire qu'une section d'agriculture soit créée à l'Institut, qu'une faculté d'agriculture soit créée dans chaque académie, qu'aucun instituteur de campagne ne puisse entrer en fonctions sans justifier d'un diplôme agricole, que les écoles normales comptent des chaires d'agriculture, que la profession d'agriculteur soit honorée et respectée, qu'on n'entende plus dans les villes ces expressions ironiques sortir de la bouche des fanfarons à l'aspect d'un enfant de la campagne : « *C'est* « *un campagnard, c'est un paysan* », et cela parce qu'il n'est pas aussi fashionable qu'eux, parce que ses membres accablés de fatigue sont moins lestes que les leurs. Taisez-vous, fanfarons !! Le cœur de ce campagnard nourrit des idées plus pures que les vôtres; sous cet habit grossier il y a plus de dévouement, plus de sentiments généreux que chez vous. La République, meilleur juge que vous, appréciera et prononcera.

Avec toutes ces améliorations qui seront l'œuvre de la République, on verra bientôt revenir à la campagne les bras qui la désertaient pour aller chercher fortune dans les villes. Alors, on verra doubler et tripler les produits agricoles.

Je conclus donc que la République une fois affermie, devra, avant tout, s'occuper des besoins de la campagne, sans pour cela négliger l'industrie et le commerce. -

Tous les peuples, unis désormais par les liens de la fraternité, détruiront d'un commun accord les barrières des douanes; alors, les débouchés extérieurs de nos vins seront assurés, les débouchés intérieurs faciliteront l'importation de la viande qui pourra devenir moins chère que le pain, et sera la base habituelle de la nourriture de l'homme.

Dans l'intérêt de l'agriculture, de l'industrie et du commerce, la confection et l'entretien des routes départementales et des chemins vicinaux, devront être dévolus directement au corps des ponts et chaussées.

Je n'entre pas ici dans d'autres détails. Les Représentants de la Nation, animés des meilleurs sentiments, comprendront facilement qu'il est nécessaire et indispensable qu'un grand élan soit donné à l'agriculture ; que les produits du sol doivent alimenter l'industrie et le commerce, et que réciproquement l'industrie et le commerce, sans déborder l'agriculture, doivent l'alimenter en lui fournissant les moyens les plus économiques pour arriver à un grand développement, et en consommant ou exportant ses produits.

Les Représentants de la Nation auront encore à s'occuper d'une importante question qui a été depuis longtemps, mais en vain, le sujet de la sol_licitude de toutes les personnes philanthropes amies du progrès humanitaire. C'est la question de l'amélioration du sort des instituteurs primaires.

Qu'un sort digne de leurs importantes fonctions soit enfin donné à ces infatigables instituteurs dignes de tant d'intérêt, et aujourd'hui plus misérables que les misérables ouvriers.

Jusqu'à ce jour, nulle position dans la vie n'a été plus pénible, plus précaire, plus dépendante, plus malheureuse et plus victime de l'arbitraire que la position des instituteurs primaires.

Ce sont eux qui sont destinés à régénérer la société, en apprenant à leurs jeunes élèves la morale et les vertus républicaines, telles que le désintéressement, l'abnégation de soi-même, la haine de l'égoïsme et de la corruption, l'amour de ses semblables : vertus sans lesquelles une république ne pourrait se soutenir. Leur mission étant donc de la plus haute importance pour l'avenir de la République, ils méritent d'être rétribués le plus largement possible ; leur fonction doit être honorée autant qu'elle a été méprisée ou méconnue jusqu'à ce jour.

Tout ce qui précède doit à peu près suffire pour justifier le titre que j'ai donné à cet opuscule : *Le Terme moyen Républicain.*

J'ai voulu autant que possible concilier tous les intérêts : les intérêts de ceux qui possèdent, en proclamant l'inviolabilité de la propriété, et les droits du travailleur qui ne possède pas, mais qui, par son travail, donne de la valeur à la propriété et à la matière première ; en proclamant l'urgence d'augmenter le salaire de l'ouvrier et de créer des ateliers nationaux pour faire l'essai du résultat des associations. Je soutiendrai toujours qu'il revient une part à l'ouvrier sur la valeur qu'il a donnée à la matière première. Je soutiendrai toujours que c'est là la justice, et que s'écarter de cette vérité, serait la plus abominable des injustices.

La République ne reconnaît qu'un peuple. Tous les membres du peuple doivent être et seront toujours respectés, pourvu que tous respectent la République.

S'il se trouvait parmi le peuple quelqu'un qui voulût sortir des rangs du peuple, s'élever au-dessus de ses semblables et chercher à s'emparer du pouvoir, je lui dirais : « Infâme ! tu es indigne « de fouler le sol du peuple Français ; l'exil doit « être ton partage. »

L'assemblée Constituante aura, je n'en doute pas, les mêmes sentiments que moi à ce sujet, ainsi que sur un autre non moins important. Je veux dire *la corruption.*

Cette maladie, sous le règne déchu, avait gangrené une bonne partie du corps de la société. Toutes les fois que les gouvernements n'ont eu pour se soutenir d'autre appui que la corruption, ils ont toujours été à la veille de leur chûte. La République a déjà fait beaucoup pour guérir le corps social de cette plaie, en épurant à un tel point les candidats qui ont postulé les suffrages du peuple, qu'à l'ombre la plus légère de corruption, le rejet a été unanimement prononcé, du moins dans les clubs. Néanmoins, toutes ces précautions ont été impuissantes pour détruire complètement ce fléau. Sur quelques points, heureusement fort rares, il y a encore eu pendant ces dernières élections des corrupteurs et des corrompus.

Les Représentants de la Nation, pour prouver à leurs commettants qu'ils sont dignes du mandat qui leur a été confié, prononceront, je n'en doute pas, les peines les plus sévères contre les corrupteurs et contre les corrompus. L'exil ne serait pas une peine trop sévère contre l'un et l'autre.

Il faut avant tout le rétablissement des mœurs.

Mais sur quoi baser la morale?

Sera-ce sur la loi naturelle ?

Non.

Son impuissance est reconnue depuis trop long-temps.

Sera-ce sur la crainte des peines infligées par les lois ?

Non.

Car dès l'instant que celui qui est mal intentionné pourra être sûr de pouvoir se dérober à l'action des lois , il ne reculera pas devant le crime.

Le code pénal n'est donc pas une barrière suffisante pour arrêter le crime et établir la morale ? Est-il donc impossible d'établir la morale et de trouver un gardien capable de la conserver dans toute sa pureté et de la propager parmi les masses ?

Non , cela n'est pas impossible. Ce gardien, ce propagateur de la morale existe; il est parmi nous depuis dix-huit cents ans :

C'est l'Evangile.

C'est le code donné aux hommes par celui qui est venu délivrer les hommes de l'esclavage, en leur prêchant une doctrine qui doit servir de piédestal à toute République qui voudra se soutenir jusqu'à la fin des temps.

Si tous les républicains , ceux de la *veille* comme ceux du *lendemain*, prenaient ce code pour règle de leur conduite, la République serait inébranlable, et jamais nation n'aurait été plus heureuse que la Nation Française.

Le despote, ou celui qui aurait l'intention de le devenir , trouverait sa condamnation dans ces paroles, qu'aucune épithète des plus sublimes ne sera jamais capable de qualifier assez dignement : « *Quiconque*

« *voudra être le premier d'entre vous devra être le*
« *serviteur de tous.* »

L'extravagant, celui qui, ne possédant rien et
n'ayant parconséquent rien à perdre, met en avant
des systèmes absurdes et subversifs de l'ordre et de
la société, afin de semer la zizanie et la discorde
parmi les membres de la société, souvent dans
l'intention coupable de profiter lui-même de ce
désordre, trouverait sa condamnation dans ces
autres paroles non moins sublimes : « *Rendez à*
« *César ce qui est à César, et à Dieu ce qui est à*
« *Dieu.* »

Je n'entends pas par là reconnaître des Césars; le
peuple en a fait justice le 24 Février 1848. Mais
dans toute société il faut des chefs, des supérieurs. Ces chefs, ces supérieurs, doivent être
nommés par le Peuple-souverain. Dès-lors que le
peuple les a nommés, ils doivent être reconnus et
respectés par tous les membres du peuple. Tant
qu'ils remplissent dignement les fonctions que le
peuple leur a confiées ils méritent le respect du
peuple; et alors doit être mise en pratique la maxime précédente : « *Rendez à César ce qui est à César,*
« *etc.* » Dès qu'ils s'écartent de la ligne que le peuple leur a tracée, le peuple a le droit de leur dire :
« *Nous vous avons nommés conditionnellement* ;
« nous avons passé avec vous un contrat qui en-
« gage les deux parties : le peuple et vous. Dès l'ins-
« tant que vous transgressez les obligations que nous

« vous avons imposées, nous sommes dégagés de
« notre engagement envers vous; nous ne vous
« reconnaissons plus; nous allons en nommer
« d'autres à votre place. »

Les droits et les devoirs de chacun sont admirablement tracés dans ce code sublime : l'*Evangile.*

Mais, me dira-t-on peut-être : « l'Evangile est
« connu de tout le monde; on le trouve dans la
« chaumière du pauvre aussi bien que dans les
« maisons dorées, et il n'a presque jamais été in-
« connu des criminels. L'Evangile est donc une
« faible barrière contre les débordements du
« crime. »

Je répondrai d'abord, que jusqu'à présent il y a
eu parmi le peuple une ignorance fatale sur un
point des plus importants. On a toujours confondu
à tort l'Evangile avec les ministres de l'Evangile.
Toutes les fois que ceux-ci se sont égarés de la voie
qu'ils devaient suivre, on a toujours jeté le blâme
sur l'Evangile. J'ai souvent entendu faire le faux
raisonnement suivant : « Les ministres de l'Evan-
« gile, pour la plupart, ne se comportent pas mieux
« que les autres membres de la société; ils sont
« aussi avares, aussi égoïstes, aussi vindicatifs,
« aussi orgueilleux et aussi passionnés que les
« laïcs. Comment voulez-vous que nous ayons foi
« à l'Evangile qu'ils nous prêchent ? »

J'ai toujours répondu et je ne dévierai jamais de
mon sentiment à ce sujet : *Autre chose l'Evangile*

et autre chose les ministres de l'Evangile. Ceux-ci sont des hommes comme nous; ils ne sont pas d'une nature différente de celle des autres hommes. Ils sont nés avec les mêmes passions et toujours, quoiqu'on fasse, la nature domine. J'avouerai même que parmi eux il en est quelques-uns qui, une fois arrivés au pouvoir spirituel, croient, par le prestige de ce qu'ils appèlent vocation, qu'ils émanent d'une nature plus parfaite que celle des autres hommes. De là le principe de leur orgueil détestable. Alors ils poussent l'illusion jusqu'à regarder comme leur étant permis, ce qu'ils condamnent chez les autres.

Je me hâte d'ajouter qu'à côté de ceux-là nous sommes heureux d'en rencontrer plusieurs qui sont les modèles des vertus les plus parfaites. Combien n'y en a-t-il pas qui sont les seuls consolateurs de la veuve et de l'orphelin? N'en a-t-on pas vu un bon nombre dans les moments de calamités publiques, s'oublier eux-mêmes pour porter aux victimes tous les secours qui étaient en leur pouvoir, bravant tous les dangers? Témoins, un Belzunce, évêque de Marseille, et tant d'autres.

N'en voit-on pas encore tous les jours quelques-uns passer les jours et les nuits aux pieds d'un moribond, dont ils sont la seule et unique consolation dans ce moment suprême, où la nature combattant avec la mort, la victoire reste à cette dernière.

Je n'entends pas faire ici l'apologie ni la censure du clergé, mais ma franchise naturelle m'empêche de passer sous silence ce qui est connu de tout le monde, et je déclare qu'autant je suis ennemi d'un mauvais prêtre, autant je suis ami du bon prêtre.

Mais l'Evangile a-t-il deux faces ? l'une applaudissant les désordres du clergé, et l'autre condamnant ces mêmes désordres chez le peuple ?

S'il en était ainsi, je serais l'ennemi le plus acharné de l'Evangile. Mais non, lorsque j'ouvre ce livre divin, je trouve également la condamnation du prêtre et du laïc. Alors, je juge que ce livre est le plus impartial des livres ; et je dis qu'il est divin ; car il est si parfait, que je ne puis croire qu'il n'ait pas été dicté par une inspiration divine.

D'ailleurs, quoiqu'il y ait eu des crimes depuis que ce livre existe, n'est-on pas tenté de croire que sans lui le nombre des crimes aurait été multiplié à l'infini?

Je soutiens donc que malgré que l'Evangile, ou plutôt la fausse interprétation de l'Evangile, ait été un sujet de scandale pour plusieurs ; qu'elle ait même occasionné les horreurs d'une Saint-Barthélemy, des guerres de religion et de l'infâme Inquisition, l'Evangile est encore le seul gardien de la vraie morale.

Mais pour cela il faut que les ministres de cet Evangile soient épurés ;

Il faut que dans leurs rangs s'opèrent de grandes réformes ;

Il faut que beaucoup d'abus disparaissent ;

Il faut qu'ils aient toute liberté pour prêcher la morale.

Mais il ne faut pas que cette liberté puisse leur servir à établir un pouvoir au sein de la République; c'est-à-dire qu'il faut qu'ils aient autant de liberté que les autres citoyens, mais rien au delà.

Extrait du journal l'ATELIER, du 12 avril 1848.

Nous avons fait, en 1845, une profession de foi qui nous a menés tout droit sur les bancs de la cour d'assises.

Nous en voulons faire une aujourd'hui qui, si elle ne mène aucun des nôtres sur les bancs de l'Assemblée constituante, soit du moins pour nous une occasion de faire mieux connaître le caractère de la mission que nous nous sommes imposée depuis longtemps, et que nous continuerons aussi longtemps que possible.

Depuis le jour où nous avons résolu, au nombre de quelques centaines d'ouvriers, de constituer un organe à la pensée purement populaire, jusqu'au jour où nous écrivons ces lignes, nous n'avons cessé d'exprimer de toutes les manières l'idée suivante :

« La révolution politique ne doit être que le prélude et le moyen de la révolution sociale. »

Or, la révolution politique étant faite aujourd'hui, et parfaite, il s'agit de procéder à cette autre révolution si vivement désirée par le peuple, et tant redoutée par la bourgeoisie.

Mais à tort redoutée par la bourgeoisie. Car, en définitive, qu'est-ce que veut la masse, la grande masse du peuple travailleur ? Rien que de très légitime, de très raisonnable et de très praticable. L'immense majorité des travailleurs ne va pas plus loin que nous dans ses exigences ; et, dans nos nombreuses assemblées populaires, nous avons pu nous assurer de notre parfaite conformité d'idées et de sentiments.

Disons donc rapidement quel est le caractère de notre socialisme.

Nous commencerons par nous expliquer sur une question qui émeut au plus haut degré la classe aisée, c'est-à-dire la question de propriété.

Nous sommes partisans bien décidés de la propriété personnelle, parce que nous la considérons comme le moyen essentiel de la liberté, et, nous le répétons, l'immense majorité des ouvriers pense comme nous.

Qui ne possède pas, en effet, n'est pas véritablement libre.

Qui ne possède pas dépend de qui possède.

Et lors même que l'Etat serait le possesseur de toutes choses, la dépendance, pour être universelle, ne serait pas moins la dépendance.

Or, si la propriété est le moyen de la liberté, il est reconnu aussi que la liberté est elle-même le grand moyen d'augmenter indéfiniment la richesse publique, la richesse intellectuelle, morale et matérielle. En un mot, la liberté est la condition du progrès, et par conséquent plus est sérieuse la liberté, plus est rapide le mouvement progressif.

Le problême à résoudre est donc celui-ci :

Trouver le moyen d'ouvrir *à tous* la voie de la propriété sans porter atteinte à la propriété *d'aucun.*

Ce problème est-il insoluble?

Gardons-nous de le croire!

S'il était insoluble, la divine devise que la République a inscrite sur son drapeau serait la plus mensongère des devises.

En effet, si la nombreuse classe qui ne possède que ses bras devait demeurer dans l'étroite dépendance où elle est à l'égard de la classe qui possède les instruments de travail, il faudrait dire que la liberté est un mensonge, l'égalité un mensonge, la fraternité un mensonge, et le plus énorme de tous!

Non, le problème n'est pas insoluble! nous dirons plus: il est résolu!

Le moyen d'ouvrir à tous la voie de la propriété, c'est l'association.

Nous n'avons pas à déterminer ici le mode particulier de réalisation. Ce que nous voulons dire d'une manière générale, c'est que le grand moyen d'augmenter la richesse publique et de la distribuer équitablement à ceux qui la produisent, c'est l'association. Personne, en effet, n'ignore que là où les forces et les volontés sont *associées*, elles produisent avec infiniment plus d'économie et d'intelligence que là où elles sont dominées par un exploiteur. Quant aux moyens d'opérer cette transformation des *salariés* en *associés*, ils sont nombreux, puissants, et déjà mis en œuvre.

Cela exposé, nous désirons fort qu'on ne se méprenne pas sur nos tendances. Nous croyons que les travailleurs ne peuvent s'affranchir qu'autant qu'ils parviendront à posséder l'instrument de leur travail, à le posséder en commun. Il est bien clair que chaque travailleur ne peut pas avoir à lui seul les puissantes machines dont se sert l'industrie, et dès-lors il faut qu'elles soient une propriété collective. Mais à cela seulement se borne la communauté. Les fruits du travail sont partagés, et deviennent propriété personnelle.

Il doit être également bien entendu que nos associations sont purement volontaires; que le nombre n'en est point limité; qu'elles sont indépendantes de l'Etat, et qu'il ne doit intervenir dans leur institution que pour les protéger, leur confier des travaux publics et les créditer au besoin.

Tel est, d'une manière générale, le moyen par lequel les travailleurs s'affranchiront, par lequel ils acquerront la propriété, et, par la propriété, la liberté et l'égalité sociales.

Cela dit pour les associations et en attendant leurs bienfaits, nous demandons encore que l'Etat ait pour devoir sacré de fournir, d'une manière quelconque, du travail à qui en manque, et du travail suffisamment rétribué. Nous professons que quiconque ne veut pas travailler ne doit pas manger; mais nous ne voulons pas qu'un seul homme puisse dire dorénavant : J'ai bonne volonté de travailler, et je meurs de faim, faute de travail.

Evidemment, il n'y a rien dans nos tendances économiques qui soit à redouter. Par notre moyen d'affranchissement, nous ne mettons pas en commun la fortune publique; nous ne prenons pas à ceux qui possèdent pour donner à ceux qui ne possèdent pas; nous ne demandons que la protection de l'Etat, un système de crédit favorable aux associations ouvrières, et puis aussi de la part des chefs d'industrie le bon esprit d'associer les salariés à leurs entreprises. Que tout cela se fasse d'une manière sérieuse, et la question du prolétariat sera bientôt résolue.

Mais nous déclarons qu'autant nous voulons être modérés dans nos tendances socialistes, autant nous mettrons d'énergie à poursuivre notre tâche. Il faut d'ailleurs qu'on se tienne pour averti, dans la bourgeoisie, que plus on se montrera hostile aux idées et aux esssais d'associations volontaires, plus on poussera les travailleurs vers les doctrines et les moyens extrêmes !

Mais nous ne combattrons pas seulement le mauvais vouloir qui pourra se manifester parmi la bourgeoisie; nous combattrons encore, comme nous l'avons toujours fait, les théories extravagantes qui trouvent crédit au sein de notre classe; non qu'elles y fassent de grands progrès, mais parce qu'elles effraient les possesseurs, que par suite les capitaux se resserrent, qu'il en résulte pour toute la société, et pour nous particulièrement, des misères sans nombre.

Etant donc bien entendu que nous n'épargnerons ni ceux qui ne veulent point céder aux nécessités du temps, ni ceux qui vont au-delà du but et compromettent la Révolution même, nous aborderons une autre face de la réforme sociale.

Affranchis au point de vue politique, par le droit électoral; affranchis au point de vue économique, par l'institution des associations, il faudra encore que les travailleurs soient affranchis, au point de vue intellectuel, par une éducation et une instruction plus élevées que celles qu'ils reçoivent maintenant.

Jusqu'à ce jour l'instruction, particulièrement, s'est vendue, et elle était parconséquent le privilège de la richesse. C'est là un privilége qui, continué, formerait toujours, malgré le suffrage universel, une véritable aristocratie au sein de la République, et nous ne voulons pas plus de cette espèce d'aristocratie que de toutes les autres.

Il y a donc nécessité absolue d'une réforme radicale dans la manière dont se distribue l'enseignement. Il faut désormais que le fils du pauvre, aussi bien que celui du riche, puisse s'instruire et arriver aux plus hauts degrés de la hiérarchie scientifique; il faut que l'enseignement de tous les degrés soit gratuit. Or, l'Etat étant seul en mesure de pourvoir à cette gratuité, il en résulte que c'est par lui que devra se faire l'enseignement, ou du moins sous sa surveillance. Nous sommes d'avis qu'il doit y avoir un corps enseignant comme l'Université, avec la condition d'y introduire complètement le système électif. Nous voudrions en outre qu'il fut permis d'enseigner à quiconque voudrait le faire, à ses risques et périls, car l'enseignement officiel étant gratuit, la concurrence deviendrait fort difficile. Néanmoins, comme c'est le propre de tous les grands corps de s'immobiliser, et qu'il est probable que l'Université future s'immobiliserait si la contradiction ne se produisait en dehors d'elle, la constitution devra, dans l'intérêt du progrès, reconnaître à la pensée une liberté très-large d'expression et de profession.

Nous ne croyons pas utile de nous étendre davantage sur la question de l'enseignement; car personne ne s'effraie de cette réforme.

Qu'avons-nous à dire maintenant? L'organisation du travail par les associations, et l'enseignement gratuit à tous les degrés étant les deux principales conditions de la révolution sociale que nous poursuivons, nous ne voyons pas qu'il soit utile d'entrer dans d'autres questions. Ce qu'on attend de nous, ouvriers publicistes, c'est avant tout notre opinion sur la question du travail : nous l'avons donnée.

Nous finirons par une simple réflexion sur l'état des esprits d'une portion de la bourgeoisie et d'une portion de la classe ouvrière :

Quand nous passons au milieu de certaines réunions bourgeoises, nous entendons prononcer très-souvent le mot *liberté*. Quand nous sommes dans certaines réunions d'ouvriers, c'est le mot *égalité* que nous entendons prononcer à tout moment. Ces deux mots trahissent les préoccupations de l'une et de l'autre classes. Ces deux mots sont deux drapeaux, deux intérêts opposés, deux partis ; il ne faut pas chercher à le dissimuler, parce que, s'il y a là un péril, il faut le reconnaître et le conjurer.

Que la bourgeoisie donc aie le bon esprit de reconnaître que le peuple doit se relever de son infériorité sociale ; qu'elle stipule un peu moins pour la *liberté* et un peu plus pour l'*égalité*. Les ouvriers sont généreux, ils ne resteront pas en arrière ; ils comprendront à leur tour la *liberté* dans l'*égalité*, et la *fraternité* entre les deux classes y trouvera son compte.

Ainsi soit-il.

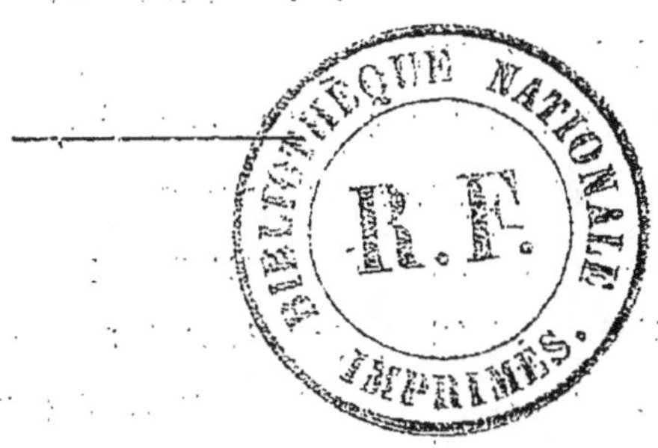